EXPLORA LA NATURALEZA™

EXPLORA LA NATURALEZA™

Búhos

POR DENTRO Y POR FUERA

Texto: Gillian Houghton
Ilustraciones: Studio Stalio
Traducción al español: Tomás González

The Rosen Publishing Group's
Editorial Buenas Letras™
New York

Published in 2004 in North America
by The Rosen Publishing Group, Inc.
29 East 21st Street, New York, NY 10010

Copyright © 2004
by Andrea Dué s.r.l., Florence, Italy, and
Rosen Book Works, Inc., New York, USA

First Edition

Book Design:
Andrea Dué s.r.l., Florence, Italy

Illustrations:
Studio Stalio (Ivan Stalio, Alessandro Cantucci, Fabiano Fabbrucci)
Map by Alessandro Bartolozzi

Spanish Edition Editor: Mauricio Velázquez de León

Library of Congress Cataloging-in-Publication Data
Houghton, Gillian.
[Owls, inside and out. Spanish]
Búhos, por dentro y por fuera / Gillian Houghton;
traducción al español, Tomás González.
    p. cm. — (Explora la naturaleza)
Summary: Describes the physical characteristics of owls, where
various species can be found, their behavior, and myths about them.
Includes bibliographical references (p.).
ISBN 1-4042-2866-7
1. Owls—Juvenile literature. [1. Owls. 2. Spanish language materials.]
I. Title. II. Getting into nature. Spanish.
QL696.S8H6818 2003
598.9'7—dc22
                                                        2003058748

Manufactured in Italy by Eurolitho S.p.A., Milan

Contenido

El cuerpo de los búhos

Los búhos tienen cabeza, abdomen, o área del estómago, dos alas y dos patas. Sus cuerpos están cubiertos de una capa gruesa de plumas suaves. Dichas plumas, de colores marrón, negro, gris y blanco, forman diseños que les permiten **camuflarse** en el medio en que viven.

La cabeza y el cerebro de los búhos son mucho más grandes que los de la mayoría de las aves norteamericanas. Sus ojos están al frente y no a los lados de la cara. La cara de los búhos es grande, está cubierta de plumas y a menudo coronada con grandes "cuernos" u "orejas". Pero dichos mechones de plumas no son ni cuernos ni orejas. Los verdaderos oídos están escondidos debajo de las plumas a cada lado de la cara. Los ojos de los búhos son grandes y redondos y, por lo general, de color amarillo, anaranjado o marrón oscuro. Encima de los ojos brotan plumas que parecen cejas humanas. Los búhos tienen picos cortos, curvos y muy filosos. A menudo el pico está oculto por plumas que parecen bigotes.

Búho real
(Bubo bubo)

Una mirada por dentro

Los búhos son vertebrados, lo que significa que poseen un esqueleto interno que protege sus **órganos**. El esqueleto sirve también de soporte de los músculos. El esqueleto del búho, como el de la mayoría de las aves, es muy liviano, lo que les permite volar con facilidad. El cráneo protege el cerebro y está unido a las vértebras del cuello. Las vértebras son los huesos que forman la columna vertebral. Las vértebras del búho son muy flexibles y le permiten girar la cabeza casi 180 grados en cualquier dirección y mirar casi directamente hacia atrás.

En el pecho del búho, las costillas y el esternón protegen los órganos internos que componen los sistemas **respiratorio**, **circulatorio**, **digestivo** y **reproductor**. El húmero, el radio y el cúbito, que son los grandes huesos de las alas, se unen en las puntas a huesos pequeños semejantes a dedos. Los huesos grandes de las patas se articulan con las garras, que están compuestas de huesos unidos entre sí, muy semejantes a los de las manos y pies de los humanos.

pulmones——

hígado——

intestinos——

plumas——
de las alas

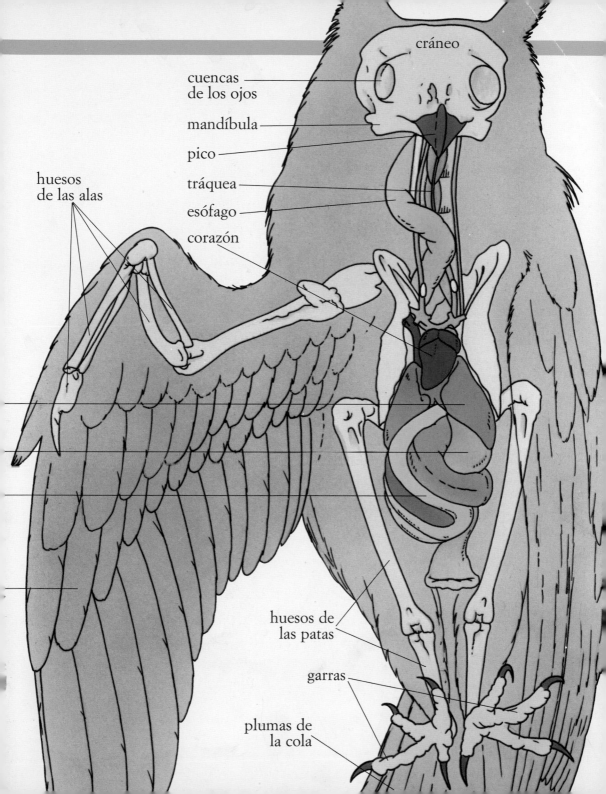

cráneo

cuencas
de los ojos

mandíbula

pico

huesos
de las alas

tráquea

esófago

corazón

huesos de
las patas

garras

plumas de
la cola

El hábitat de los búhos

Búho real
(*Bubo bubo*)

Búho común
(*Athene noctua*)

Algunos búhos tienden a ser solitarios y viven lejos de los asentamientos humanos. El búho cárabo común habita en los densos bosques de robles; el búho enano vive en los cactus saguaro del desierto; el búho de las nieves habita en la tundra ártica; el búho campestre, en praderas o pantanos; y el búho virginiano puede vivir en muchos lugares distintos. En Norteamérica, la mayoría de los búhos se encuentra en el oeste de Estados Unidos. A diferencia de otras aves norteamericanas, que viajan al sur en el invierno y al norte en el verano, los búhos por lo general permanecen en un mismo lugar todo

Arriba, izquierda: Búho virginiano, originario de las Américas.

Derecha: Búho vientrirrayado, originario de Norteamérica.

Búho
campestre
(*Asio flammeus*)

EL HÁBITAT DE ALGUNOS BÚHOS
(Áreas color marrón)

Búho de
campanario
(*Tyto alba*)

el año. Los búhos buscan un nuevo hogar únicamente en caso de que les esté resultando difícil hallar alimento. Muchos son **nocturnos**, lo que significa que cazan sobre todo por la noche; otros prefieren hacerlo al amanecer y al anochecer; y otros son **diurnos**, es decir, cazan durante el día.

Abajo: Búho de campanario, que habita en todos los continentes.

La vista y el oído

Los búhos tienen una excelente vista, necesaria para cazar con poca luz en grandes extensiones de terreno. Sus ojos grandes les permiten ver con mucha claridad. Placas óseas llamadas osículos esclerales, unidas al cráneo, rodean a los ojos como un tubo sólido y les dan forma.

La luz es enfocada a través de dichos tubos, lo que hace posible que el búho vea con claridad incluso cuando es escasa. Al cazar, el búho sube y baja la cabeza o la mueve de lado a lado, lo que le permite ver a su **presa** desde distintos ángulos y determinar con mayor exactitud su ubicación. Los búhos son también capaces de hacer girar la cabeza de modo que los ojos miren directamente hacia arriba y puedan ver objetos que están encima de sus líneas habituales de visión.

Derecha: Dibujo del ojo del búho donde vemos su amplio campo de visión total de 110 grados. Su vista binocular es de 70 grados, lo que significa que pueden ver un objeto con los dos ojos al mismo tiempo

Abajo: Las ranuras del oído del búho cárabo común *(Strix aluco)* están colocadas en diferentes lugares en el cráneo. Esta inclinación le permite conocer la dirección y la distancia del sonido.

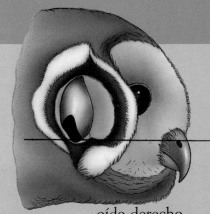

oído derecho

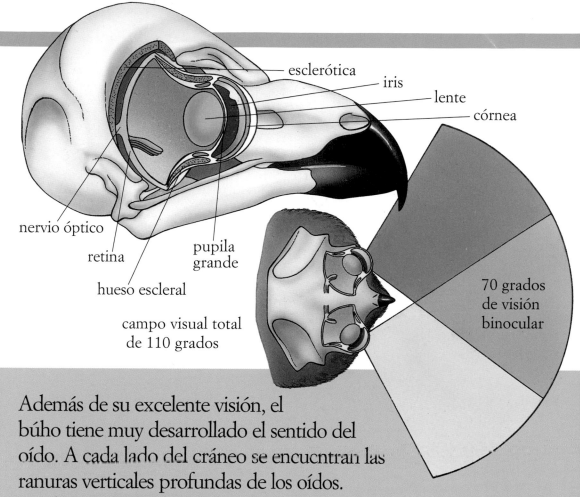

esclerótica

iris

lente

córnea

nervio óptico

retina

pupila grande

hueso escleral

campo visual total de 110 grados

70 grados de visión binocular

Además de su excelente visión, el búho tiene muy desarrollado el sentido del oído. A cada lado del cráneo se encuentran las ranuras verticales profundas de los oídos. Mechones de plumas cubren las ranuras y les sirven de orejas, que el búho mueve para enfocar los oídos en distintas direcciones. También su cabeza grande tiene una función auditiva, permitiendo que un oído reciba el sonido antes que el otro, con lo que el búho conoce la dirección de donde provienen los sonidos.

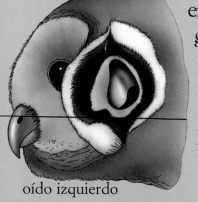

oído izquierdo

11

La familia de los búhos

El búho es una de las aves más antiguas del planeta. Al estudiar sus **fósiles**, los científicos descubrieron que los búhos existen desde hace unos setenta millones de años. Más o menos en esa época los **antepasados** prehistóricos del búho empezaron a desarrollar ciertas características, como las afiladas garras y la vista aguda, que lo convirtieron en cazador experto. Dichas **características** se perfeccionaron con el tiempo, mientras otras, menos importantes se fueron perdiendo.

Búho campestre
(*Asio flammeus*)

Búho común
(*Athene
noctua*)

Búho de
las nieves
(*Nyctea scandiaca*)

Cárabo lapón
(Strix nebulosa)

Búho gavilán
(Surnia ulula)

Búho de
anteojos
(Pulsatrix perspicillata)

Búho de
campanario
(Tyto alba)

Búho
virginiano
*(Bubo
virginianus)*

13

Las garras y el pico

El pico del búho tiene forma de gancho aplanado. Como es delgado y apunta hacia abajo, no interfiere en el campo de visión del búho. Es afilado y cortante, perfecto para dar picotazos mortales.

Los búhos poseen dos garras poderosas que han cambiado durante millones de años y han hecho de esta ave un mortal cazador. Cada garra está conformada por cuatro dedos, uno hacia atrás y tres hacia adelante. A menudo el búho mueve el dedo externo delantero de cada garra hacia atrás, de modo que dos dedos quedan orientados hacia adelante y dos hacia atrás, lo cual le da más control y equilibrio al sentarse en las ramas o atrapar presas. Cada dedo termina en una uña larga y curva con la que el búho agarra y despedaza a las presas. Generalmente las garras están cubiertas de plumas, para proteger al búho de presas que podrían arañarlo o morderlo al tratar de defenderse.

Derecha: Cabeza y garras de un búho real *(Bubo bubo)*. Estos búhos se conocen por dos mechones de plumas situados encima de sus ojos color anaranjado vivo.

Miden más de dos pies (62 cm). Sus afiladas garras les permiten cazar ratas, zorros, conejos, pájaros, ranas y peces.

14

En busca de la presa

Los búhos vuelan en silencio sobre bosques, desiertos, lagos y establos, en busca de presas. Los más pequeños se alimentan de insectos y otros animales, como ratones. Los búhos grandes son capaces de cazar mamíferos más grandes, como conejos, y aves de caza, como faisanes. Los búhos son livianos y tienen alas muy grandes. Esto les permite planear silenciosamente, para no espantar a las presas.

Abajo: Búho cárabo lapón macho *(Strix nebulosa)* llevándole un ratón a su familia.

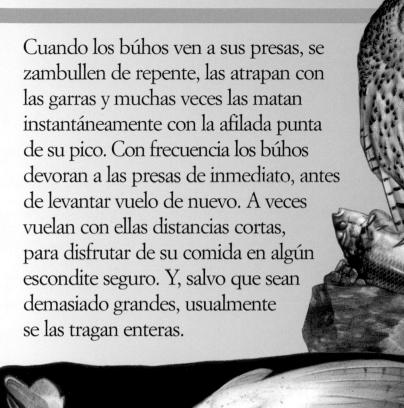

Cuando los búhos ven a sus presas, se zambullen de repente, las atrapan con las garras y muchas veces las matan instantáneamente con la afilada punta de su pico. Con frecuencia los búhos devoran a las presas de inmediato, antes de levantar vuelo de nuevo. A veces vuelan con ellas distancias cortas, para disfrutar de su comida en algún escondite seguro. Y, salvo que sean demasiado grandes, usualmente se las tragan enteras.

Arriba: Búho pescador (*Scotopelia peli*) atrapando a un pez.

Izquierda: Un búho de campanario (*Tyto alba*) se lanza a cazar ratón.

Las bolas estomacales

Los búhos escupen un desecho sólido conocido como egagrópila. Son bolas pequeñas ovaladas. Están hechas de materiales no digeribles, como plumas, piel y hueso, que el búho come al alimentarse y acumula en el estómago. Cuando este material se compacta en forma de egagrópila, sube del estómago y llega a la boca del búho.

En promedio, los búhos **regurgitan** y escupen dos bolas diarias. Como no se pudren ni se descomponen con rapidez, el suelo debajo de los nidos a menudo está cubierto de bolas de varios años. Los científicos las recogen y estudian para conocer el tipo de comida con la que el búho se ha alimentado. Así obtienen información sobre los hábitos de los búhos y la calidad del medio en que viven.

Derecha: En esta bola regurgitada por un búho cárabo lapón *(Strix aluco)* pueden verse huesos y una pequeña calavera.

Izquierda: Búho pescador *(Scotopelia peli)* preparándose para devorar el pez que acaba de atrapar, en Botsuana, África.

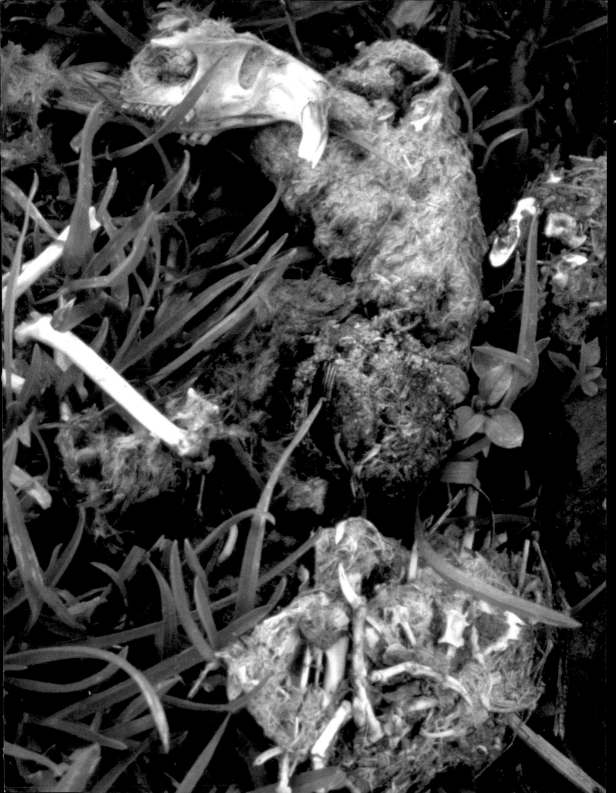

Reproducción

Durante la temporada de **reproducción**, los búhos macho buscan pareja. Al anochecer y durante la noche el macho emite sonidos especiales para llamar a la hembra. A veces el macho hace despliegues impresionantes, como palmadas con las alas y vuelos. La hembra responde con su propio sonido y se le acerca.

El lugar y el tamaño del nido que la pareja construye cambian según la **especie**. Algunos búhos, como el búho virginiano, hacen los nidos en las rocas de las montañas. Otras especies anidan en las ramas altas de los árboles. El cárabo común con frecuencia anida en nidos que dejaron abandonados los buitres o las águilas. La hembra de los búhos pone un huevo cada dos o tres días y se queda en el nido para **incubarlos**, es decir, para mantenerlos tibios con el calor de su cuerpo. Durante ese tiempo el macho le trae comida. Después de treinta días, aproximadamente, los polluelos empiezan a romper el cascarón.

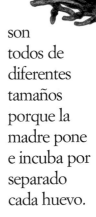

Abajo, derecha: Estos polluelos de búho campestre (*Asio flammeus*) son todos de diferentes tamaños porque la madre pone e incuba por separado cada huevo.

Derecha: Los búhos de campanario *(Tyto alba)* hacen nidos en la paja almacenada en los establos.

Izquierda: Los polluelos del Búho cárabo lapón *(Strix nebulosa)* se crían en nidos construidos en árboles.

Crianza de los pequeños

La cantidad de crías que tienen los búhos en cada nidada cambia según la especie y según el año. Un año un búho virginiano podría criar uno o dos polluelos; el año siguiente, si la comida es más abundante, podría criar seis o más. Y, en promedio, las nidadas del cárabo común son de entre cuatro y cinco polluelos al año.

Los polluelos cubiertos de **plumón**, o plumas suaves, se quedarán en el nido unas tres semanas antes de hacer su primera excursión por las ramas del árbol o el borde de la piedra donde nacieron. Deben aprender a volar y a cazar. La nidada continuará viviendo en los alrededores del nido durante varios meses. La madre seguirá cuidando a los jóvenes búhos mientras el padre caza para la familia. Cuando el búho macho trae presas grandes, la madre las parte en trozos pequeños y alimenta a sus crías.

Derecha: Familia de búho real (*Bubo bubo*) en el nido. Detrás de la madre y su polluelo, el padre, medio escondido en las ramas, monta guardia.

Derecha: Un joven búho común
(Athene noctua) mira atentamente
a un escarabajo antes de atraparlo
y comérselo.

Mitos

Muchos creen que el ulular de los búhos trae mala suerte. Sin embargo, los búhos son también admirados por su sabiduría, fortaleza e inteligencia. No es sorprendente que nos causen una mezcla de miedo y respeto. Son feroces cazadores y a menudo vuelan sólo en la oscuridad de la noche, costumbres que contribuyen a su mala fama. No obstante, la postura de los búhos es erecta, sus caras son anchas y expresivas y tienen ojos grandes que parpadean como los humanos. Es por eso que se les atribuyen ciertos rasgos humanos, como la inteligencia.

Estas creencias sobre los búhos no son nuevas. En una tablilla sumeria del año 2300 a.C.

24

aproximadamente, aparece Lilí, diosa de la muerte, rodeada de búhos. En la Grecia antigua, la diosa de la sabiduría, Palas Atenea, fue a menudo representada acompañada de un pequeño búho. Los **mitos** griegos hablan de soldados victoriosos que llevaban sobre los cascos y escudos los búhos que les infundían valor en las batallas. Esta antigua curiosidad por los búhos se refleja hoy en día en los libros, las caricaturas y la publicidad.

Página opuesta, arriba:
Los griegos relacionaban a los búhos con la sabiduría y con la fortaleza guerrera. Por eso aparecen en muchos artefactos griegos, como esta vasija del siglo VII a.C. en forma de búho.

Página opuesta, abajo:
Pintura en una vasija griega del siglo IV a.C. que muestra a un búho vestido con la armadura de la diosa Atenea.

Arriba, derecha: Las monedas atenienses antiguas a menudo tenían la figura de un búho, símbolo de la diosa de la sabiduría Atenea y de la ciudad de Atenas, nombrada en su honor.

Abajo, derecha:
La idea de que los búhos son sabios continúa en la actualidad.

Glosario

antepasados (los) Animales o plantas antiguos de los cuales descienden los animales y plantas modernos.

camuflar Disimular dando a algo el aspecto de otra cosa.

características (las) Rasgo o cualidad que distingue a un individuo de los demás o lo identifica con un grupo determinado.

circulatorio, sistema Relacionado con la circulación de sangre en el organismo.

digestivo, sistema Relacionado con el proceso de los alimentos.

diurno (-a) Animal que está activo durante el día.

especie (la) Grupo de plantas o animales que tienen las mismas características físicas.

fósiles (los) Huellas de plantas o animales preservadas en la corteza terrestre.

incubar Sentarse el ave sobre los huevos y calentarlos hasta que los pollos rompan el cascarón.

mitos (los) Historia inventada en la que participan personajes de carácter divinos o heroicos.

nocturno (-a) Animal que está activo durante la noche.

órganos (los) Grupo de células o parte del cuerpo encargada de cumplir una función específica.

plumón (el) Plumas suaves con las que están cubiertos los polluelos.

presa (la) Animal que es cazado por otro animal y le sirve de alimento.

regurgitar Devolver la comida del estómago a la boca.

reproducción (la) Acto de aparearse y tener crías.

reproductor, sistema Relacionado con el acto de reproducirse, o tener crías.

respiratorio, sistema Relacionado con el acto de respirar.

Índice

Sitios Web

Debido a las constantes modificaciones en los sitios de Internet, Editorial Buenas Letras ha desarrollado un listado de sitios Web relacionados con el tema de este libro. Este sitio se actualiza con regularidad. Por favor, usa este enlace para acceder a la lista:

www.buenasletraslinks/nat/buhos

Acerca del autor

Gillian Houghton es editora y escritora independiente y vive en la ciudad de Nueva York.

Créditos fotográficos